악필교정
나만의 멋진
한글 손글씨 완성

나만의 멋진 한글 손글씨 완성

초판 1쇄 인쇄 2017년 2월 25일
초판 3쇄 발행 2018년 1월 5일

지은이	글꼴연구소
발행인	임충배
디자인	창공입시미술원
홍보/마케팅	김요한, 양경자
펴낸곳	도서출판 삼육오 (PUB.365)
제작	(주)피앤엠123

출판신고 2014년 4월 3일
등록번호 제406-2014-000035호

경기도 파주시 산남로 183-25
TEL (031)946-3196 FAX (031)946-3171
홈페이지   www.pub365.co.kr
ISBN 979-11-86533-61-1 13700
ⓒ PUB.365 2017

· 저자와 출판사의 허락 없이 내용 일부를 인용하거나 발췌하는 것을 금합니다.
· 저자와의 협의에 의하여 인지는 붙이지 않습니다.
· 가격은 뒤표지에 있습니다.
· 잘못 만들어진 책은 구입처에서 바꾸어 드립니다.

이 도서의 국립중앙도서관 출판예정도서목록(CIP)은 서지정보유통지원시스템 홈페이지(http://seoji.nl.go.kr)와
국가자료공동목록시스템(http://www.nl.go.kr/kolisnet)에서 이용하실 수 있습니다. (CIP제어번호 : CIP2017004655)

How to

1️⃣ **Before & After**
악필 교정 이전 글자와 맨 마지막 장의 손글씨 연습 이후의 차이를 비교해보세요. 달라진 나의 모습을 찾을 수 있습니다.

2️⃣ **자세 교정**
글씨를 잘 쓰고자 한다면 자세를 먼저 바르게 해야 합니다. 필기구의 올바른 파지법을 익혀서 바르게 쓰는 연습을 하세요. 처음엔 불편할 것입니다. 단지 이 책이 끝날 때까지만이라도 꼭 시도해보세요.

3️⃣ **선 연습**
지금까지 우리는 컴퓨터 자판 두드리는 것에 너무 익숙해 있습니다. 손으로 글을 쓰기 위한 첫 단계입니다. 직접 글을 쓰기 위해 손부터 풀어줘야 할 것 같네요. 준비되셨죠? 자~ 지금부터 시작입니다.

4️⃣ **자음과 모음 쓰기**
ㄱ~ㅎ, ㅏ~ㅣ 까지 악필을 고치기 위해 기초적인 자음과 모음 쓰기 연습을 진행합니다. 지금은 글자가 아닌 그림을 그리는 것 같지만 끝까지 연습해보세요.

5️⃣ **테마별 단어 연습**
숫자도 써보고, 누구나 알 수 있는 남자/여자 이름도 써보고, 사자성어도 써보고, 영어 알파벳도 써보는 등 기본적인 단어를 연습합니다.

6️⃣ **단문 / 장문 연습**
옛 조상의 지혜를 엿볼 수 있는 속담에서 부터 생각해 볼만한 짧은 명언, 축하 카드 및 경조사 문구, 상대방과 소통을 위한 편지 및 연설문까지 단문에서 장문으로 차근차근 연습하여 마무리합니다.

* 악필 교정 이전! 지금 나의 위치는? **(Before)**

Part 1 기본 연습

자세교정 (필기구 파지법)	8
손 풀기 연습	10
자음 쓰기 연습	12
모음 쓰기 연습	16
자음과 모음 붙여 쓰기 연습	20

Part 2 단어 연습

숫자 / 날짜 쓰기 연습	36
다양한 색상 쓰기 연습	40
이름 쓰기 연습	42
세 글자 쓰기 연습	54
사자성어 쓰기 연습	60
영어 알파벳(필기체) 쓰기 연습	68

Part 3 단문 연습

속담 쓰기 연습	72
명언 쓰기 연습	80
각종 경조사(이벤트) 문구 쓰기 연습	88

Part 4 장문 연습

손 편지 쓰기 연습	98
연설문 쓰기 연습	102

* 나만의 한글 손글씨 연습 이후! 어느 정도 달라졌을까? **(After)**

* 홈페이지(www.pub365.co.kr) 도서자료실에서 악필 교정용 워크시트를 다운받을 수 있습니다.

나만의 멋진 한글 손글씨 만들기 첫 시작입니다.
아래 문장을 그려보세요.

진정한 노력은 결코 나를 배신하지 않는다

❶

❷

❸

Part 1
기본 연습

* 홈페이지(www.pub365.co.kr) 도서자료실에서 악필 교정용 워크시트를 다운받을 수 있습니다.

자세교정 (필기구 파지법)

악필을 교정하기 위해서는 바른 자세와 올바른 집필부터 시작됩니다.
지금까지 연필 잡아왔던 방식을 다르게 하려니 어색하고 힘들기도 합니다.
그럼에도 자세 교정은 가장 중요하기에 꾸준히 노력해야 합니다.

1 엄지와 검지를 가볍게 쥐고,
2 중지의 첫 번째 마디에 연필의 아랫 부분에 살며시 올려 놓습니다.
3 주먹은 살짝 쥐어 약간의 공간을 만들어 준 후
4 새끼손가락을 바닥에 가볍게 댑니다.

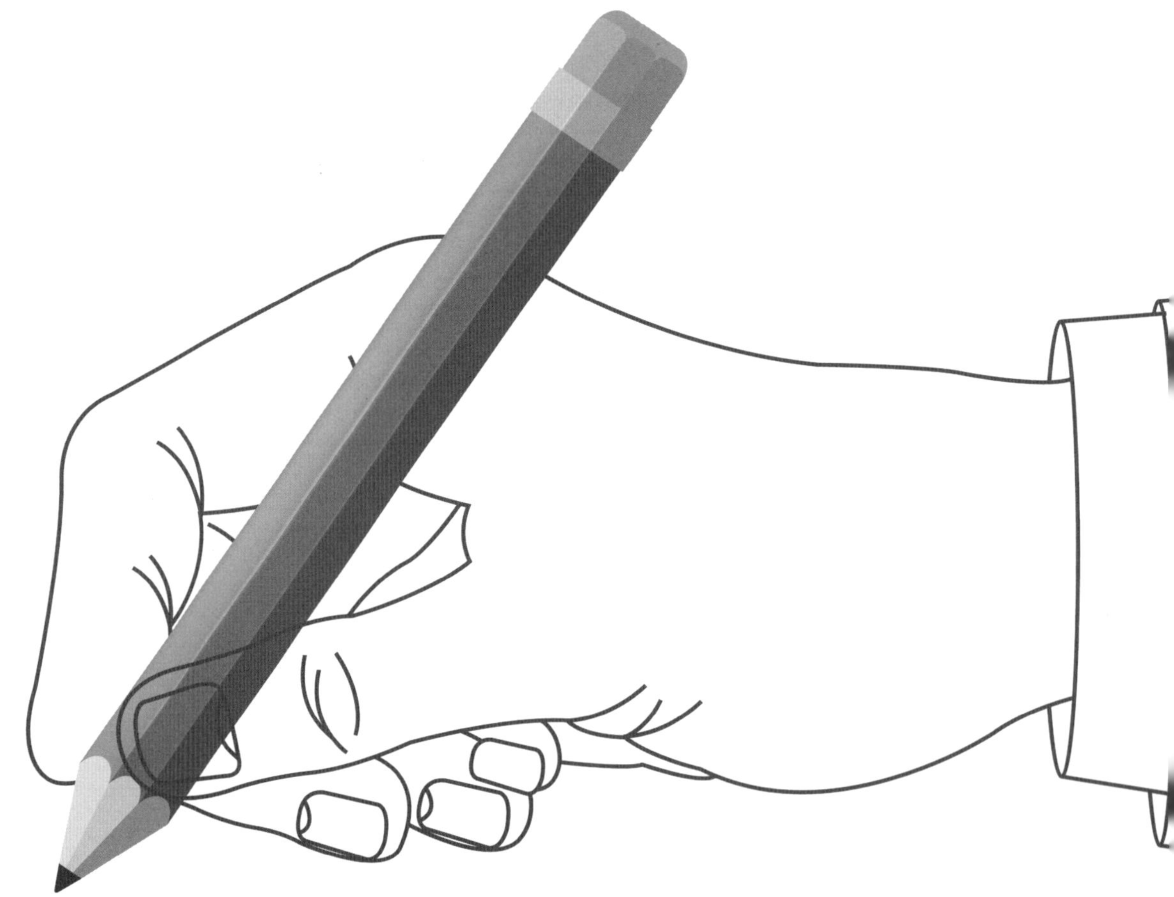

엄지와 검지 끝부분으로
연필을 잡아야 합니다.
연필을 엄지로 덮지 않도록 합니다.

너무 세게 주먹을 쥐면
글씨 쓰는 것 자체가 피곤해집니다.
달걀을 잡았을 때 깨지지 않을 정도로 살짝 쥐어줍니다.

 손 풀기 연습

시작하기 전에 먼저 손 풀기 연습을 해봅니다.
아래 모양대로 따라 그려보세요.
연필로 연습할 경우에는 연필심의 사각사각 소리에 귀를 기울여 보세요.

α α α α α α α α

β β β β β β β β

γ γ γ γ γ γ γ γ

δ δ δ δ δ δ δ δ

ε ε ε ε ε ε ε ε

ζ ζ ζ ζ ζ ζ ζ ζ

σ σ σ σ σ σ σ σ

τ τ τ τ τ τ τ τ

υ υ υ υ υ υ υ υ

φ φ φ φ φ φ φ φ

ψ ψ ψ ψ ψ ψ ψ ψ

ω ω ω ω ω ω ω ω

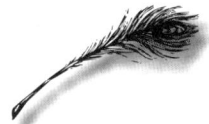

자음 쓰기 연습

바른 글씨를 위한 자음 정자체 연습을 합니다.
필기구에 따라 삐침 및 눌러쓰기가 안될 수 있습니다.
쓰는 순서대로 각각 글자의 비율을 주의 깊게 보며 따라 쓰는 연습을 하세요.

① ㄱ	ㄱ	ㄱ	ㄱ			

① ㄴ	ㄴ	ㄴ	ㄴ			

① ② ㄷ	ㄷ	ㄷ	ㄷ			

① ② ③ ㄹ	ㄹ	ㄹ	ㄹ			

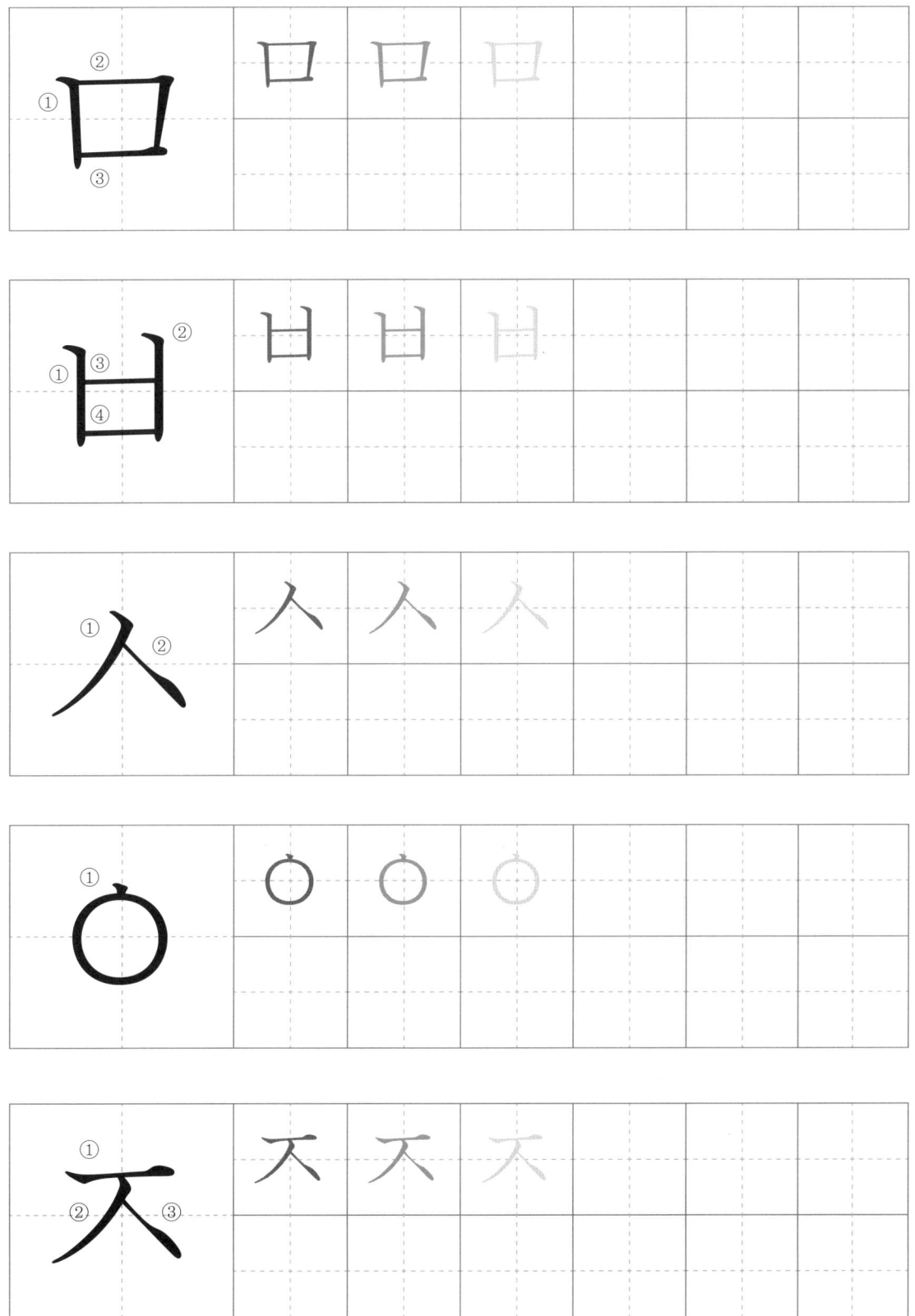

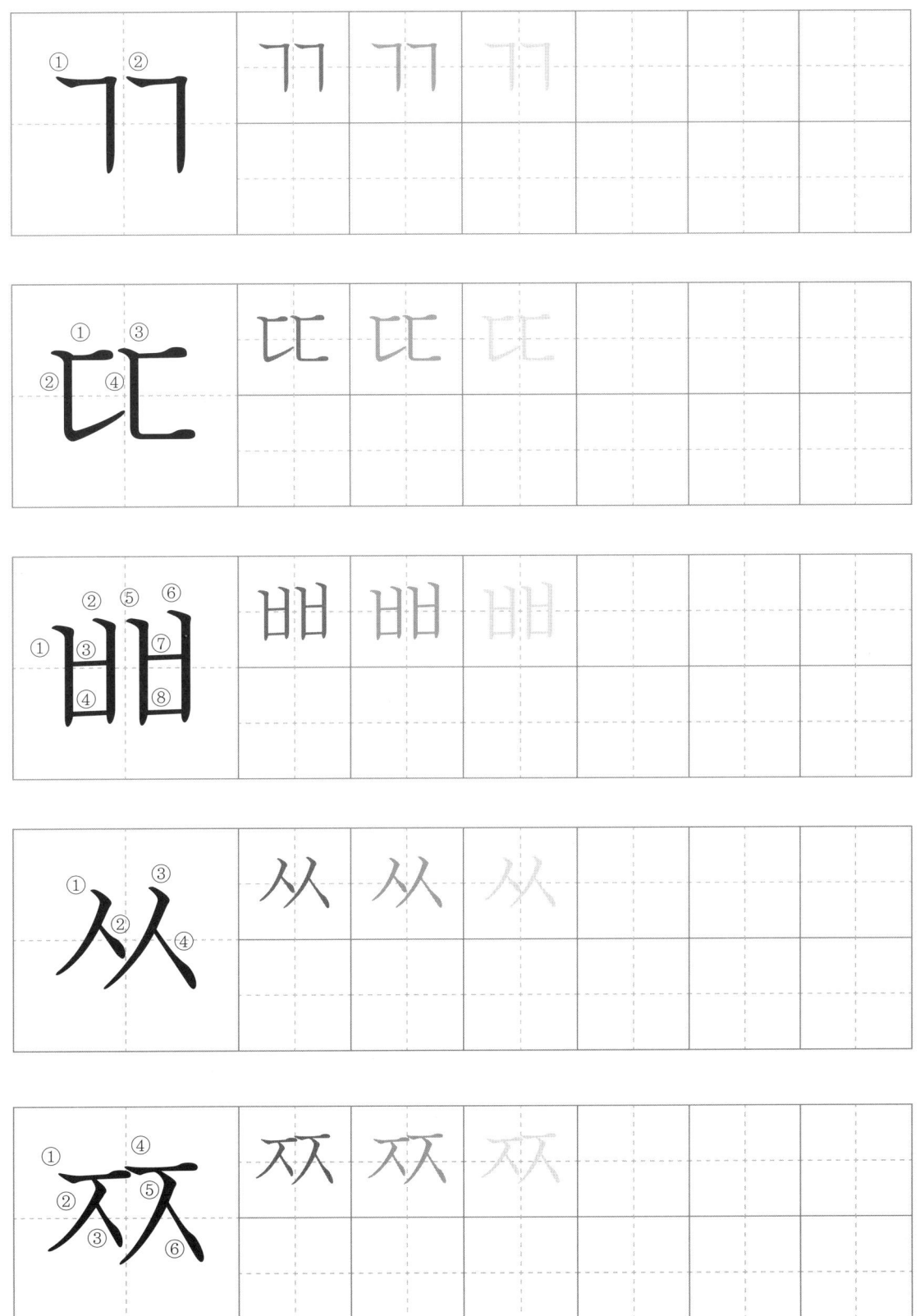

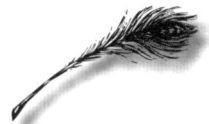

모음 쓰기 연습

바른 글씨를 위한 모음 정자체 연습을 합니다.
필기구에 따라 삐침 및 눌러쓰기가 안될 수 있습니다.
쓰는 순서대로 각각 글자의 비율을 주의 깊게 보며 따라 쓰는 연습을 하세요.

ㅏ ①②	ㅏ	ㅏ	ㅏ			
ㅑ ①②③	ㅑ	ㅑ	ㅑ			
ㅓ ①②	ㅓ	ㅓ	ㅓ			
ㅕ ①②③	ㅕ	ㅕ	ㅕ			

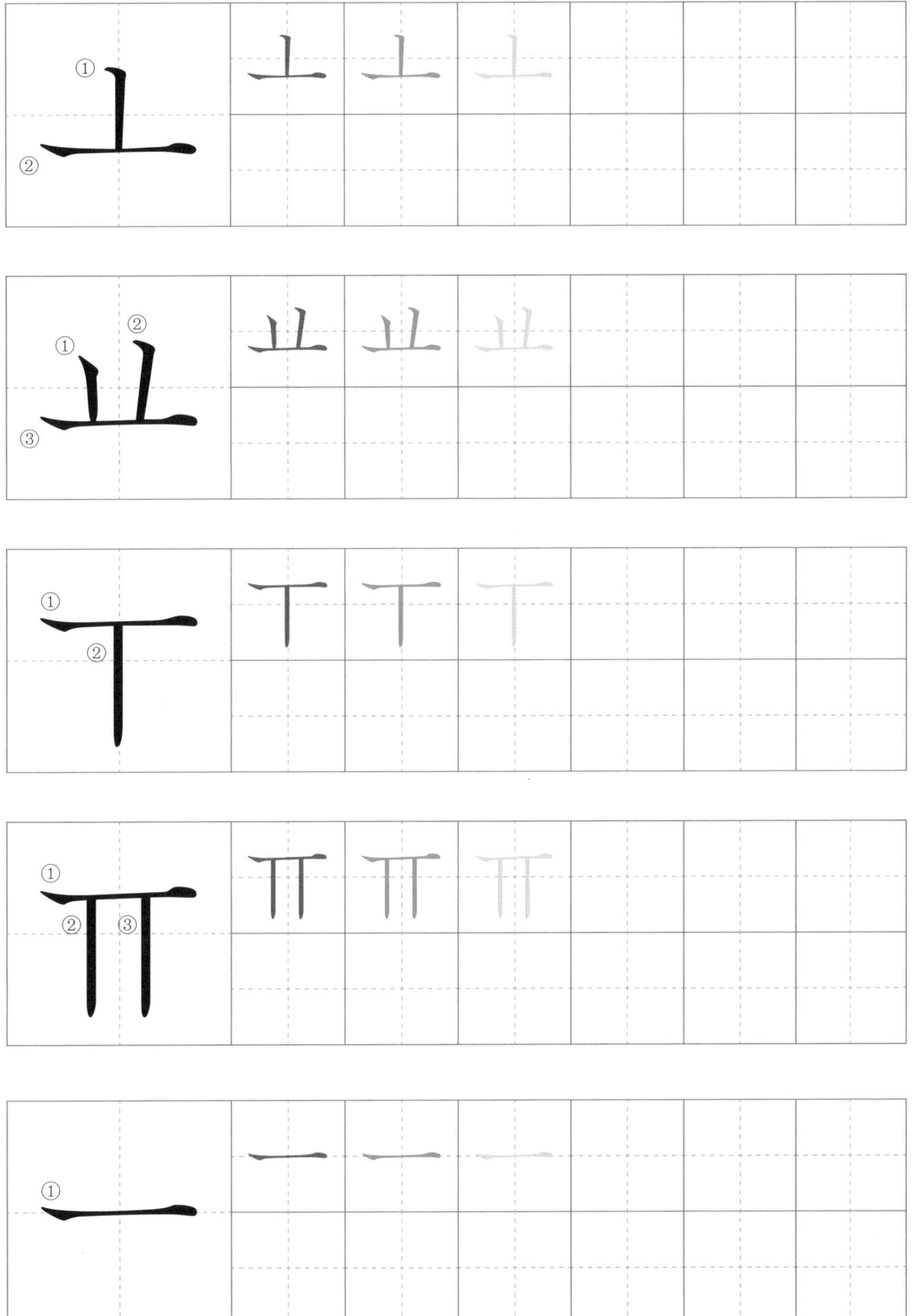

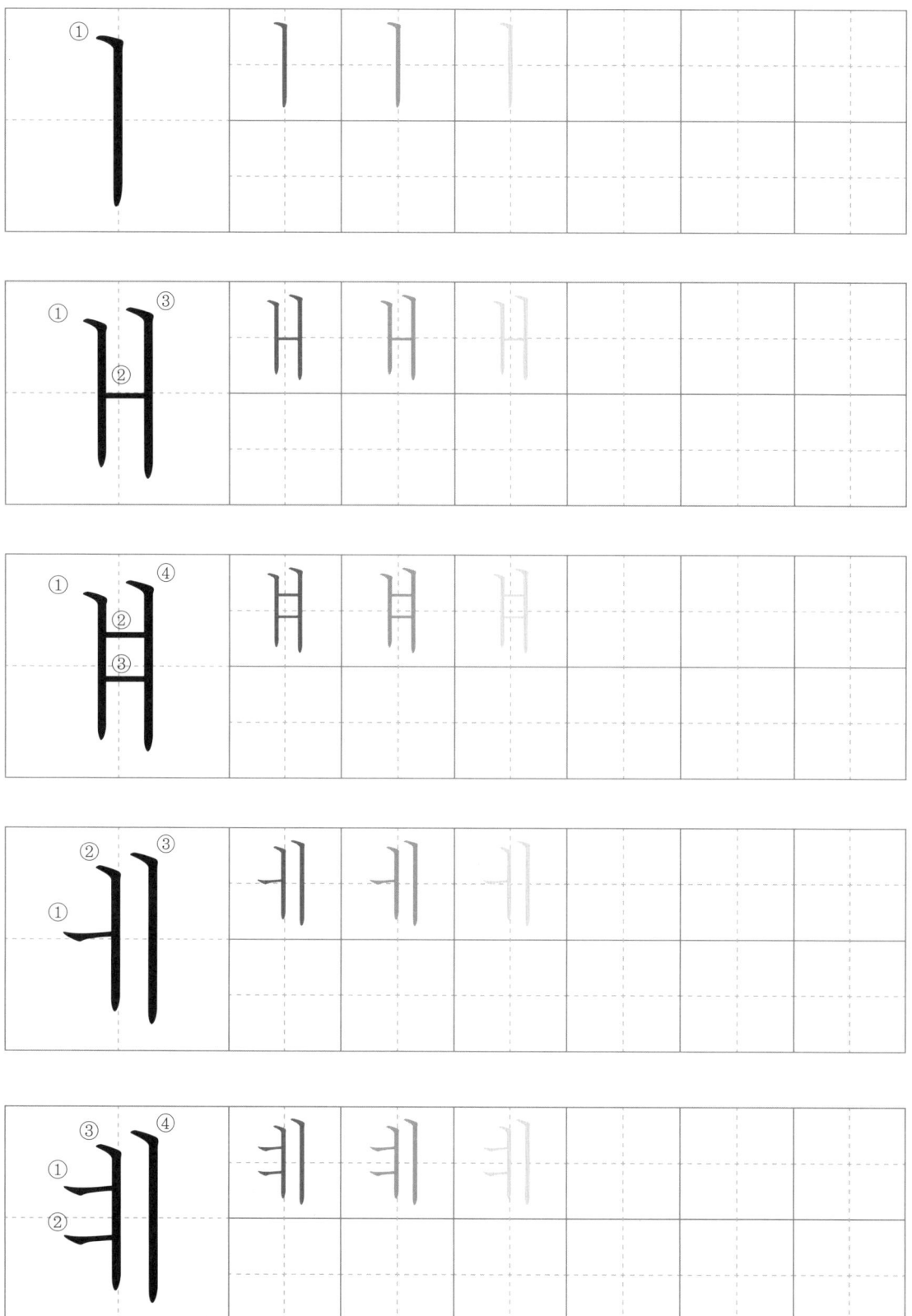

# 자음과 모음 붙여 쓰기 연습

자음과 모음을 붙여서 써 봅니다. 전체적인 어울림이 중요합니다.
한 글자에 똑같은 자음이 있다고 해서 모양이 똑같지 않으니 주의 깊게 살펴보세요.
쓰는 순서대로 각 자음과 모음의 크기를 비교해 가며 따라 써보세요.

20

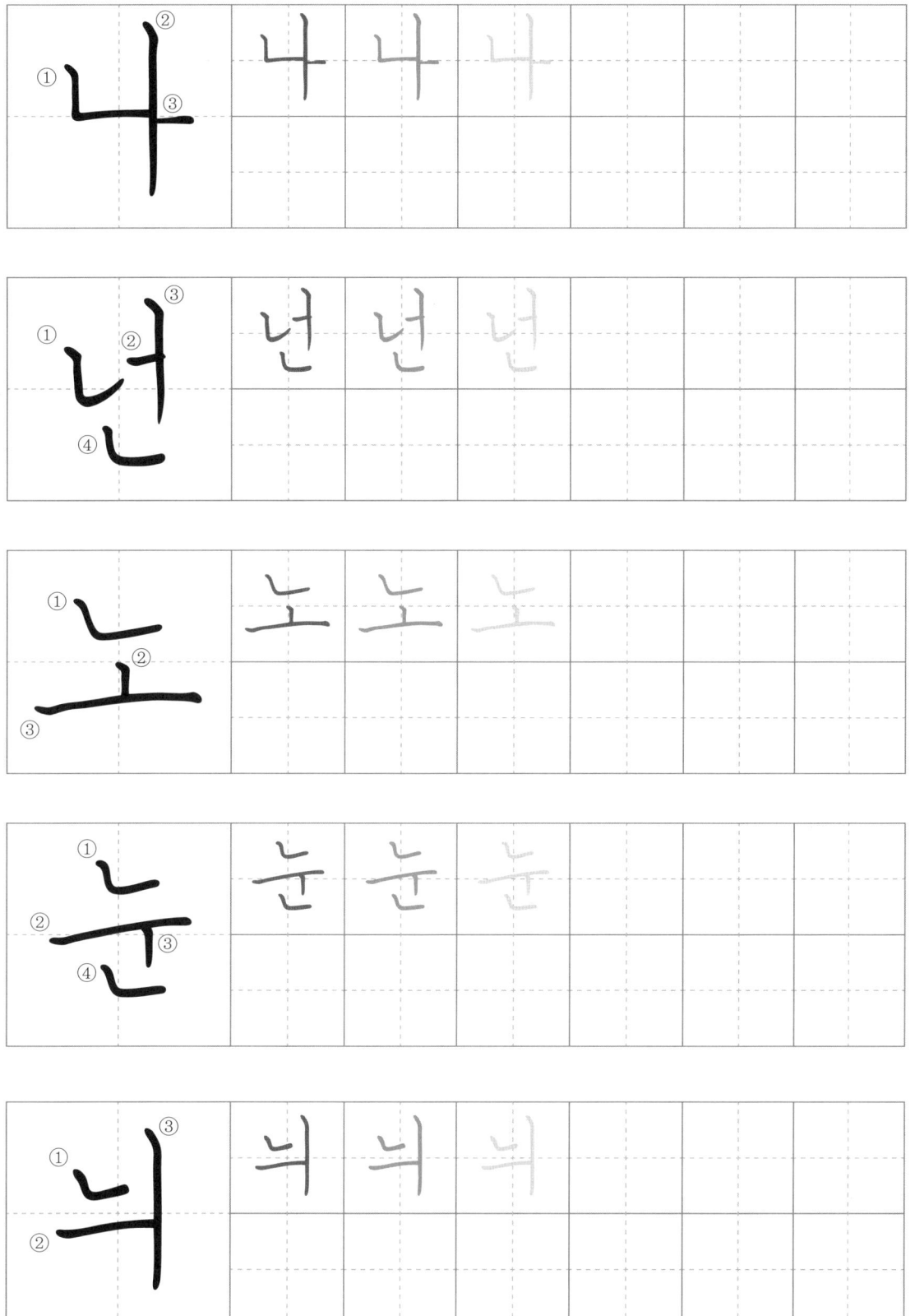

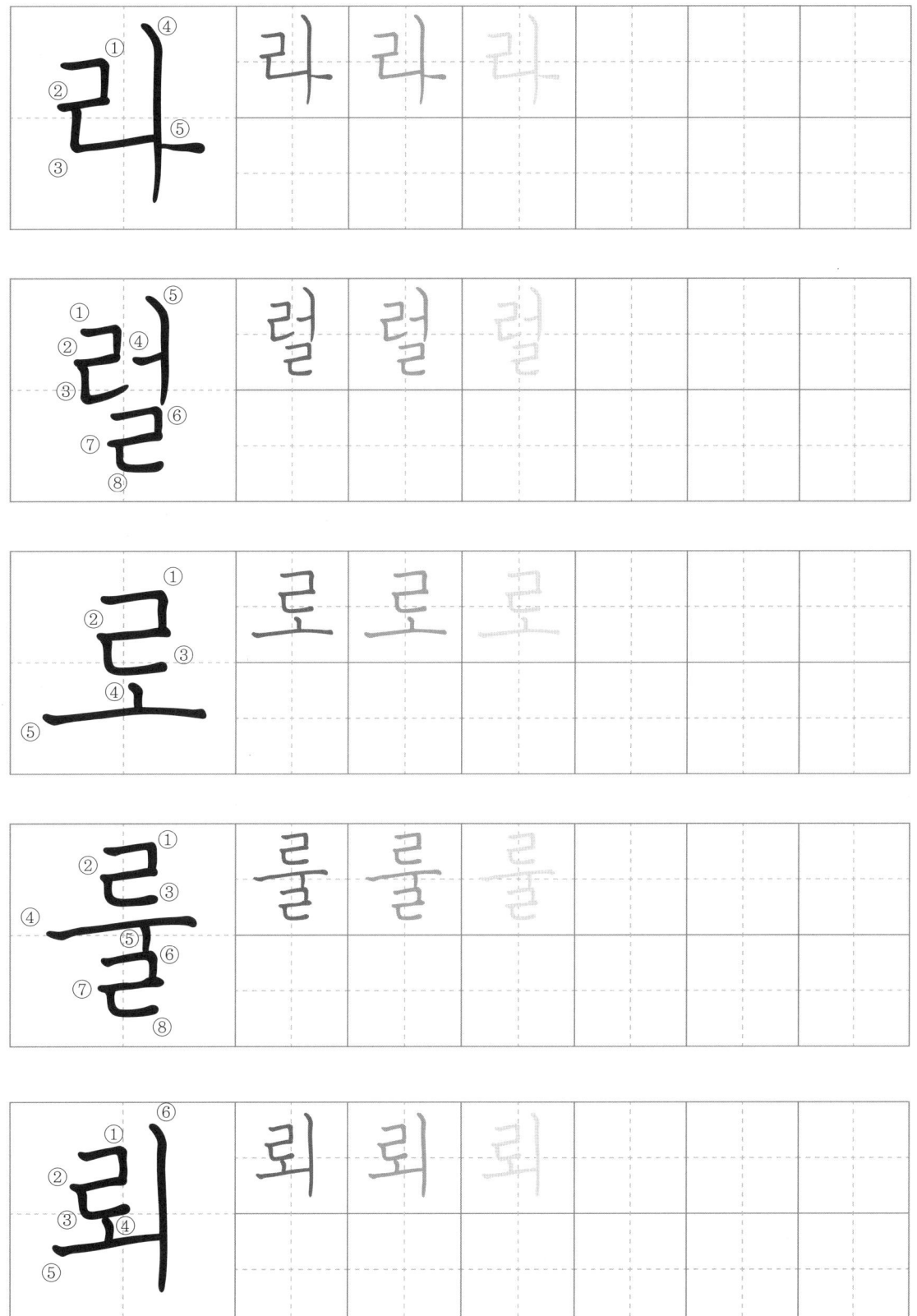

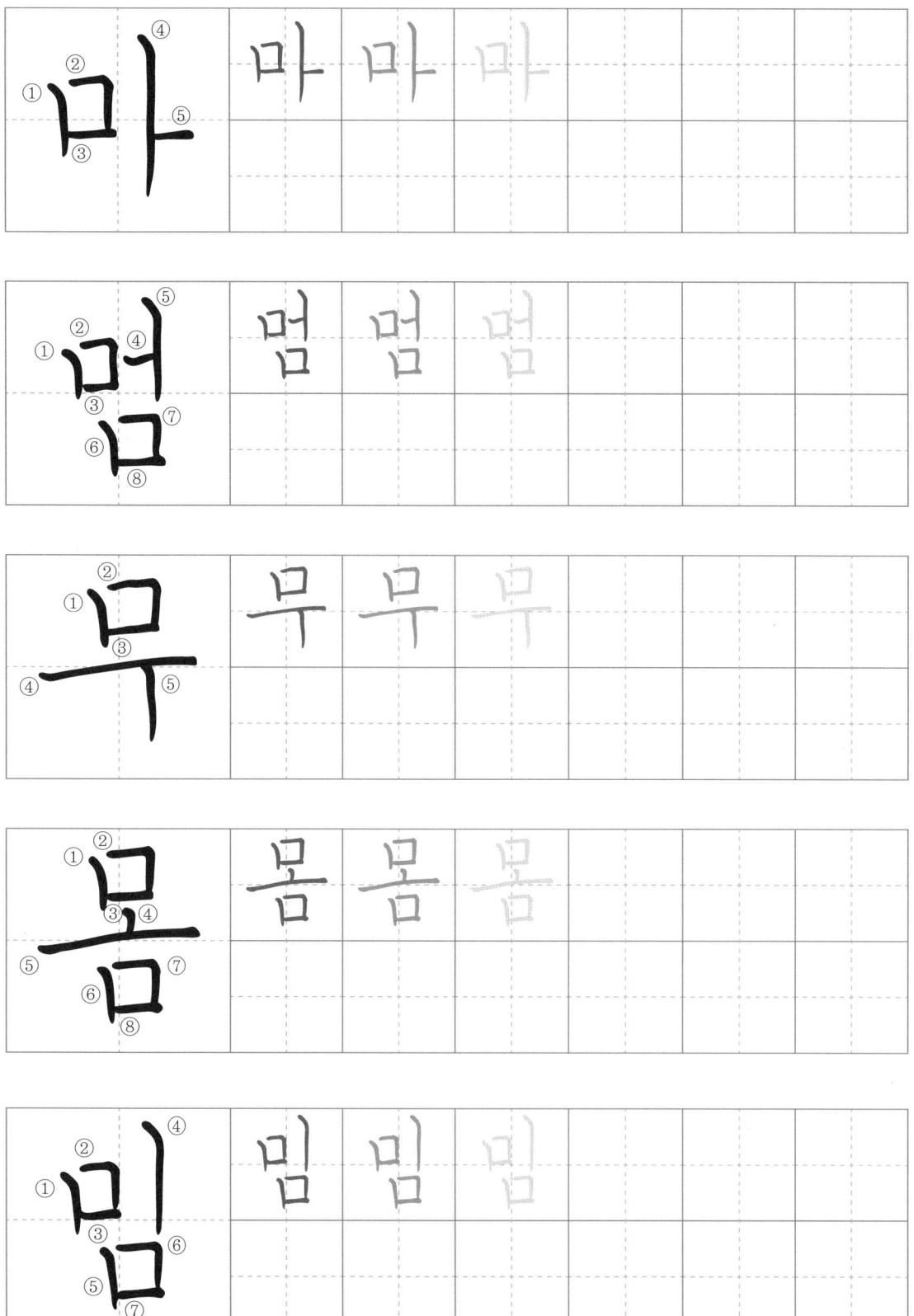

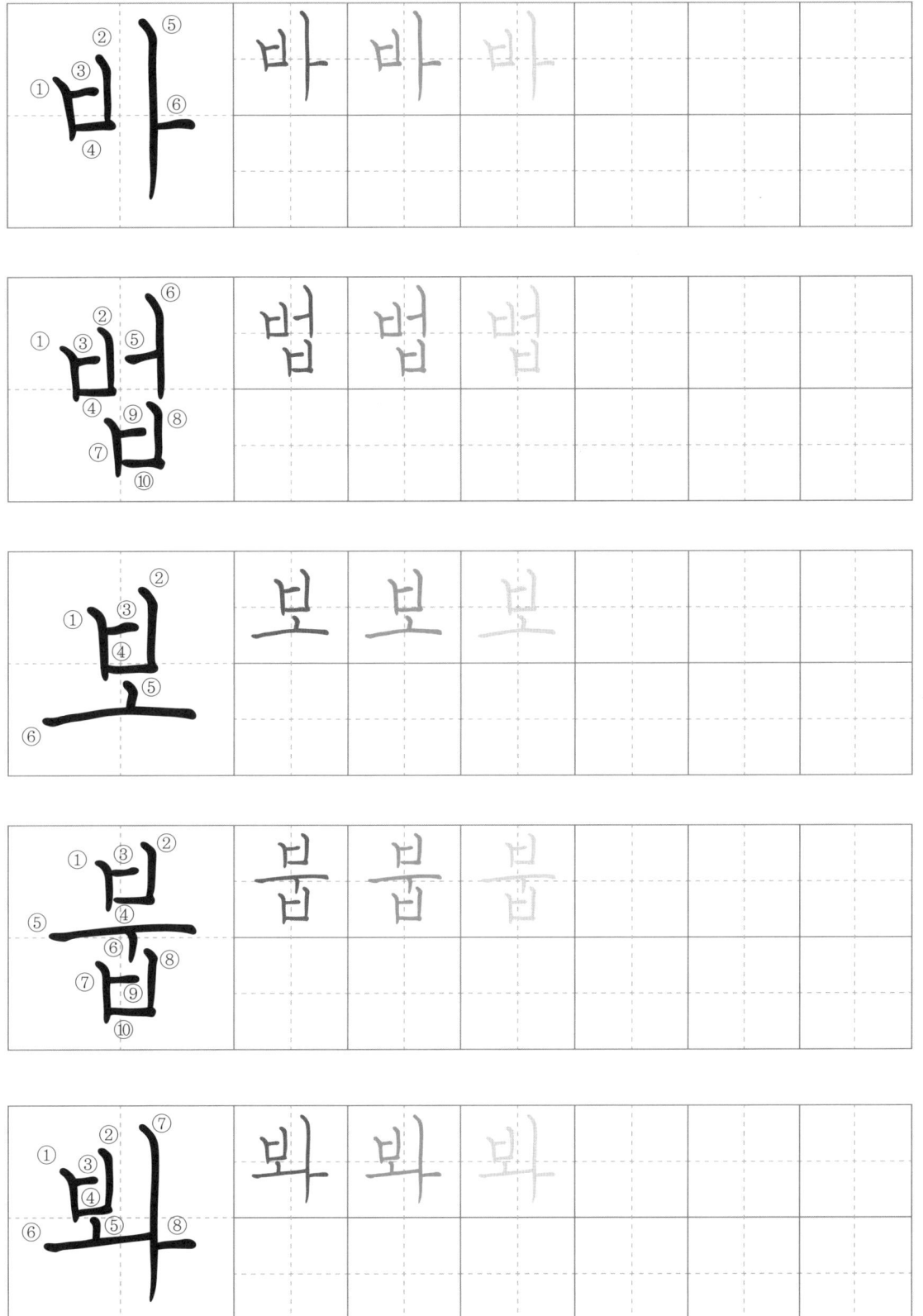

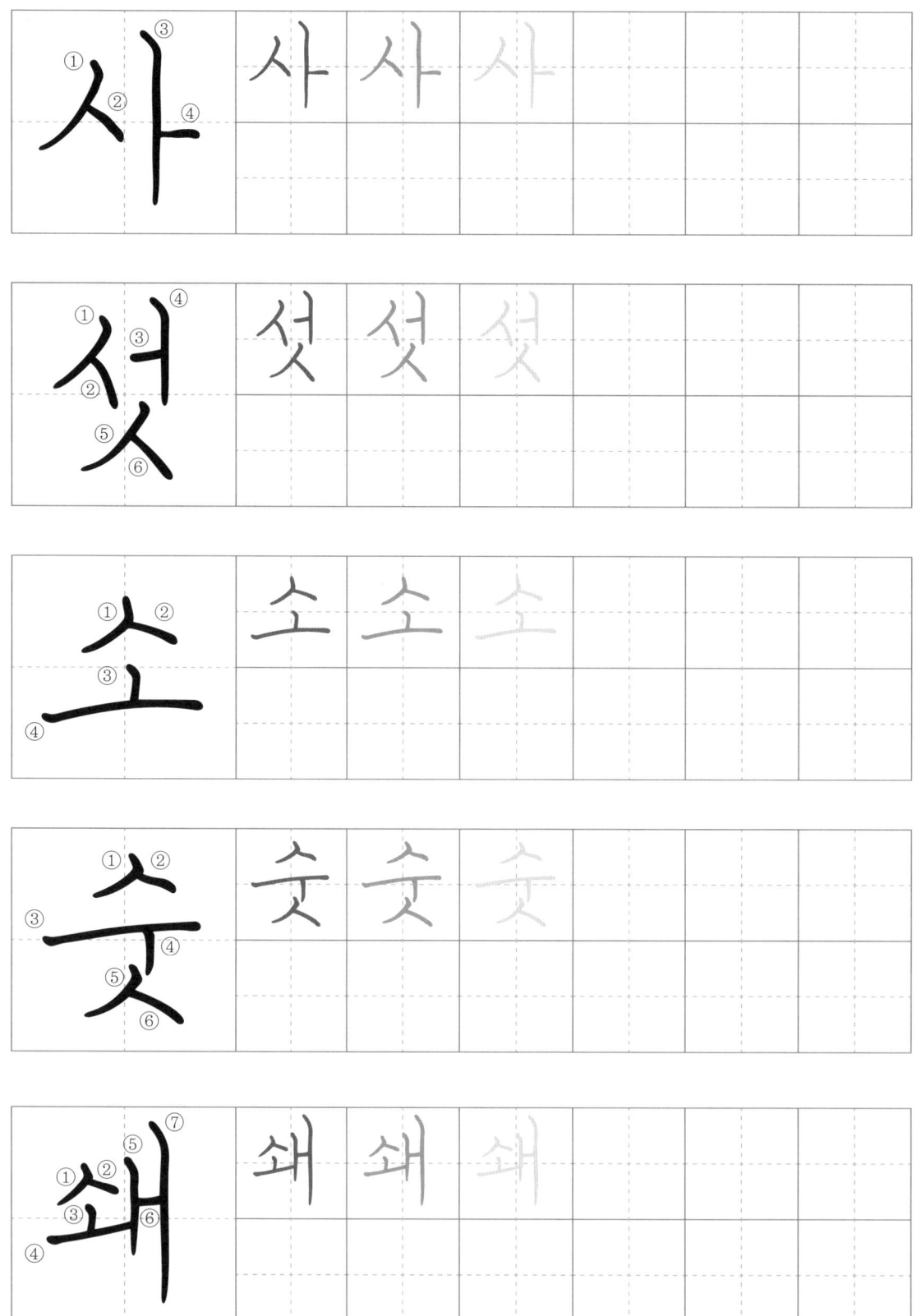

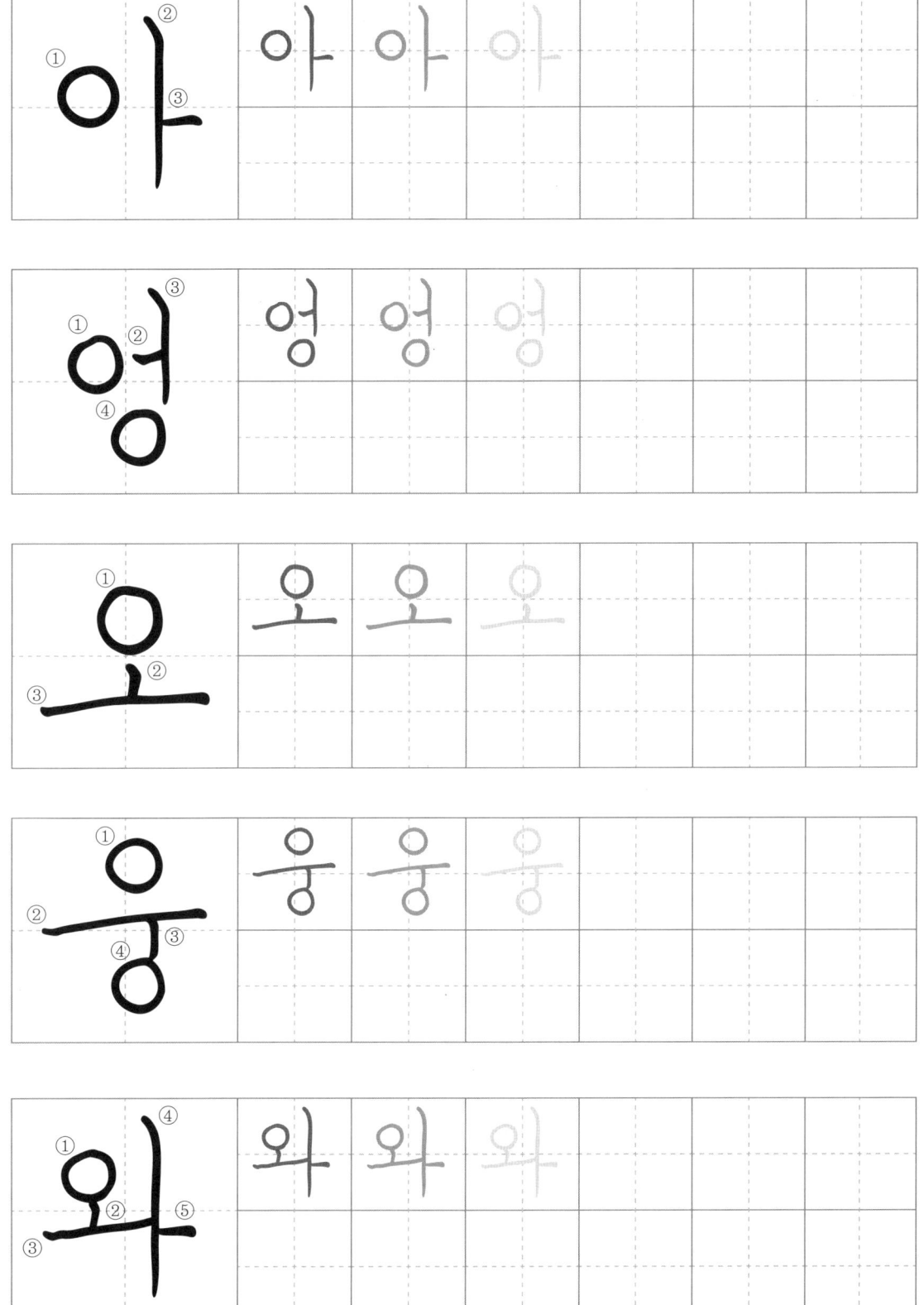

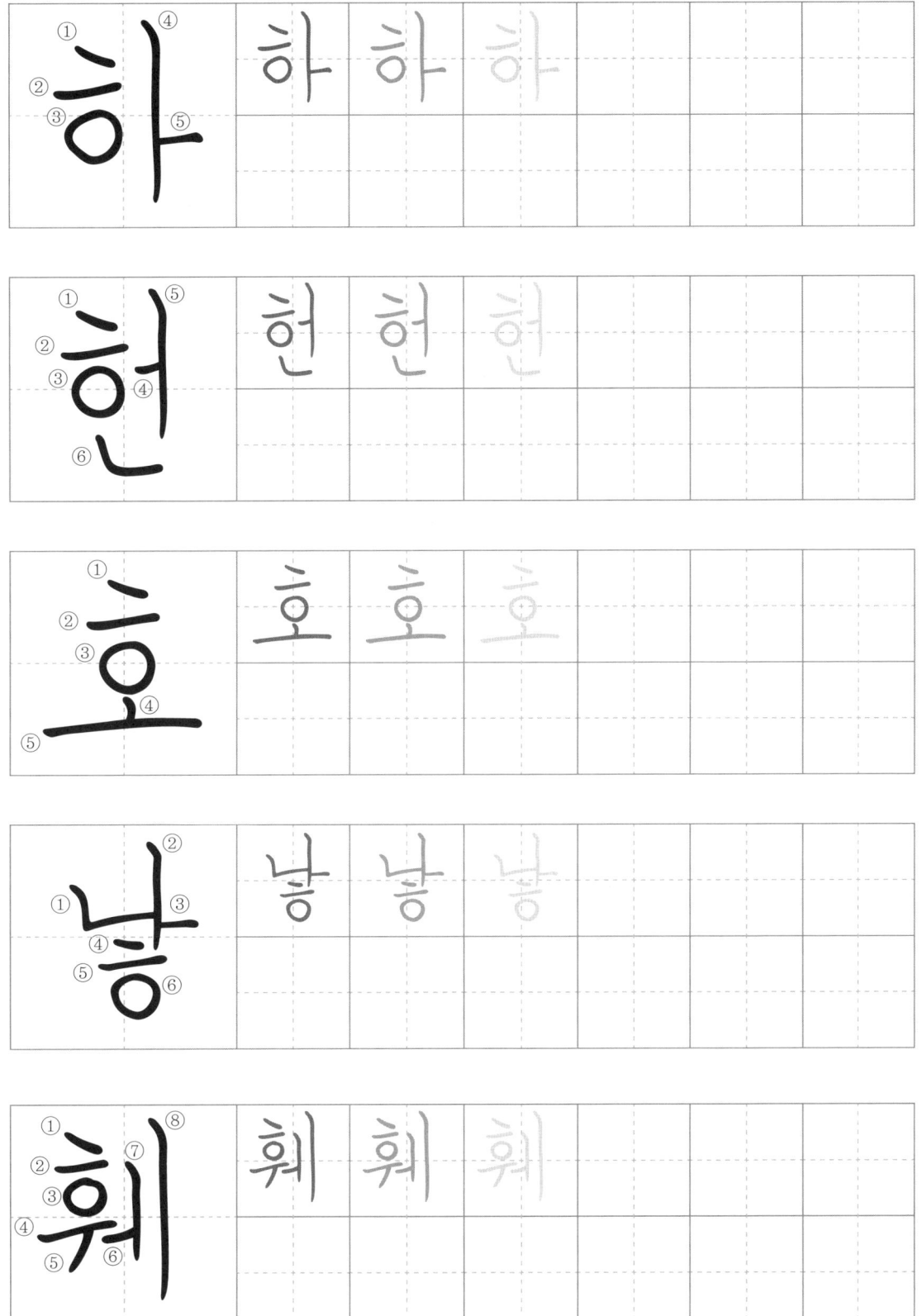

Part 2 단어 연습

* 홈페이지(www.pub365.co.kr) 도서자료실에서 악필 교정용 워크시트를 다운받을 수 있습니다.

숫자 쓰기 연습

1부터 9까지의 바른 글씨를 위한 숫자 정자체 연습을 합니다.
필기구에 따라 삐침 및 눌러 쓰기가 안될 수 있습니다.
각각 비율에 맞게 쓰는 연습을 하세요.

1	1	1	1				

2	2	2	2				

3	3	3	3				

4	4	4	4				

| 5 | 5 | 5 | 5 | | | | |

| 6 | 6 | 6 | 6 | | | | |

| 7 | 7 | 7 | 7 | | | | |

| 8 | 8 | 8 | 8 | | | | |

| 9 | 9 | 9 | 9 | | | | |

날짜 쓰기 연습

일상 생활에서 많이 쓰는 날짜 글쓰기 연습을 합니다.
월, 화, 수, 목, 금, 토, 일요일 그리고 주와 년까지 써보세요.
앞에서 연습한 숫자와 함께 자신의 생년월일 및 요일도 완성해봅니다.

월	월	월	월				

화	화	화	화				

수	수	수	수				

목	목	목	목				

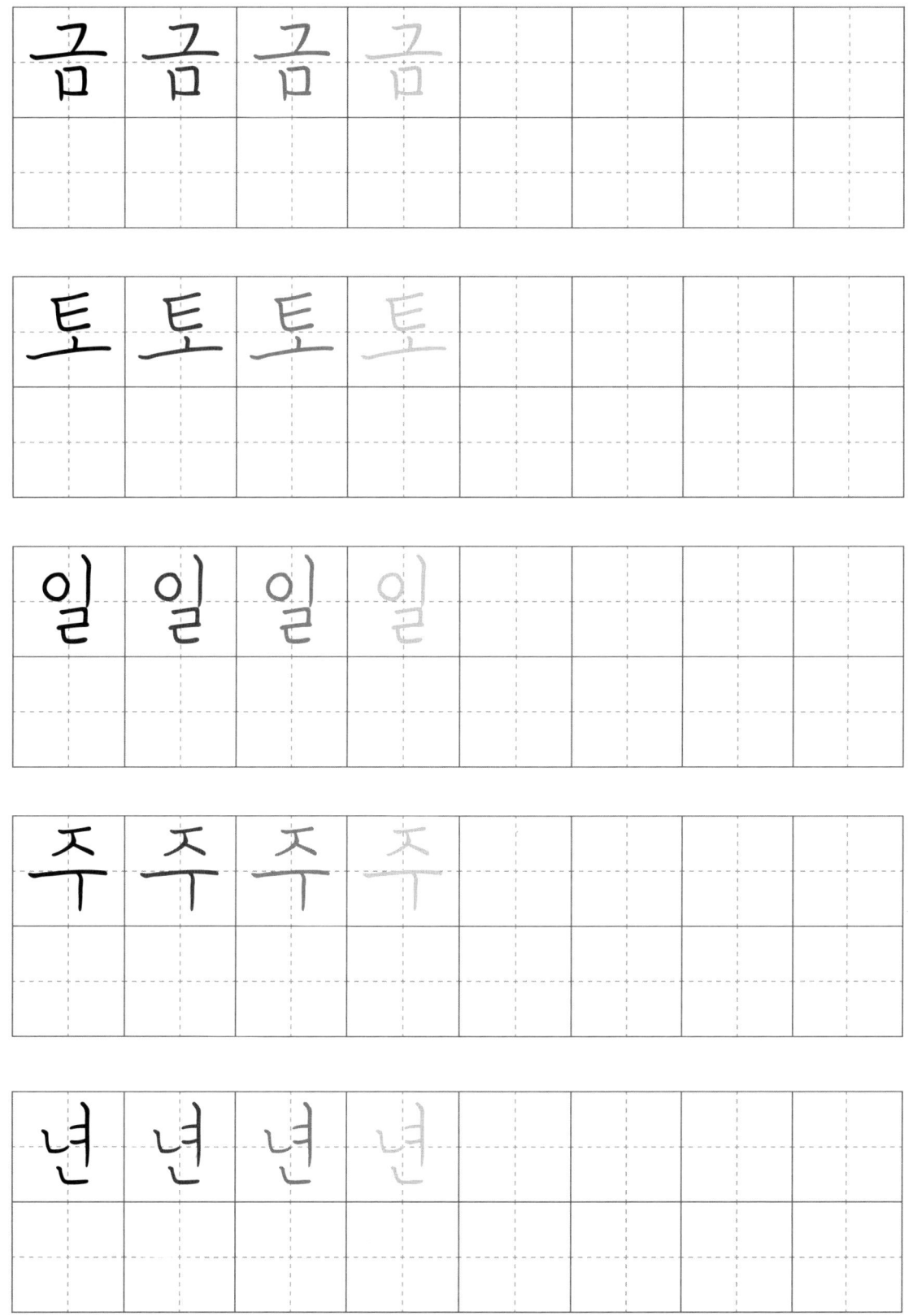

다양한 색상 쓰기 연습

다양한 색상에 대해 글쓰기 연습을 합니다.
빨주노초파남보 무지개색을 예쁘게 써보세요.
나만의 멋진 한글 손글씨가 완성됩니다.

| 빨 | 빨 | 빨 | 빨 | | | | | |
| 강 | 강 | 강 | 강 | | | | | |

| 주 | 주 | 주 | 주 | | | | | |
| 황 | 황 | 황 | 황 | | | | | |

| 노 | 노 | 노 | 노 | | | | | |
| 랑 | 랑 | 랑 | 랑 | | | | | |

| 초 | 초 | 초 | 초 | | | | | |
| 록 | 록 | 록 | 록 | | | | | |

우리나라 성씨 쓰기 연습

친구, 동료, 선후배, 부모님, 자녀 등의 이름을 손으로 멋지게 쓰기 위한 첫 단계입니다.
사회생활이라는 것이 자신을 타인에게 소개하고 또한 상대방을 알아가는 데 있어 가장
기본이 되는 첫 단추가 통성명, 바로 이름이겠지요.
우리나라의 성씨별 인구 순위도 알아볼 겸 끝까지 따라 쓰며 연습해보세요.

| 김 | 김 | 김 | 김 | | | | | |
| 이 | 이 | 이 | 이 | | | | | |

| 박 | 박 | 박 | 박 | | | | | |
| 최 | 최 | 최 | 최 | | | | | |

| 정 | 정 | 정 | 정 | | | | | |
| 강 | 강 | 강 | 강 | | | | | |

| 조 | 조 | 조 | 조 | | | | | |
| 윤 | 윤 | 윤 | 윤 | | | | | |

허 허 허 허
남 남 남 남

심 심 심 심
류 류 류 류

로 로 로 로
하 하 하 하

정 정 정 정
성 성 성 성

곽 곽 곽 곽
차 차 차 차

남자 이름 쓰기 연습

앞에서 연습한 성씨와 함께 남자 이름을 완성해 봅니다.
인구통계에 따라 많은 이름 그리고 잘 알려진 이름 위주로 예시를 들었습니다.
마지막엔 꼭 나의 이름도 연습하여 나만의 멋진 한글 손글씨를 완성해보세요.

건우

경수

도현

동일

민	민	민	민				
석	석	석	석				

병	병	병	병				
철	철	철	철				

상	상	상	상				
호	호	호	호				

성	성	성	성				
재	재	재	재				

영	영	영	영				
길	길	길	길				

예	예	예	예				
준	준	준	준				

우	우	우	우				
진	진	진	진				

승	승	승	승				
민	민	민	민				

정	정	정	정				
웅	웅	웅	웅				

종	종	종	종				
서	서	서	서				

보	보	보	보				
검	검	검	검				

지	지	지	지				
후	후	후	후				

로	로	로	로				
하	하	하	하				

중	중	중	중				
기	기	기	기				

래	래	래	래				
원	원	원	원				

여자 이름 쓰기 연습

앞에서 연습한 성씨와 함께 여자 이름을 완성해 봅니다.
인구통계에 따라 많은 이름 그리고 잘 알려진 이름 위주로 예시를 들었습니다.
마지막엔 꼭 나의 이름도 연습하여 나만의 멋진 한글 손글씨를 완성해보세요.

| 경 | 경 | 경 | 경 | | | | |
| 숙 | 숙 | 숙 | 숙 | | | | |

| 명 | 명 | 명 | 명 | | | | |
| 자 | 자 | 자 | 자 | | | | |

| 미 | 미 | 미 | 미 | | | | |
| 영 | 영 | 영 | 영 | | | | |

| 민 | 민 | 민 | 민 | | | | |
| 지 | 지 | 지 | 지 | | | | |

보	보	보	보				
람	람	람	람				

서	서	서	서				
연	연	연	연				

수	수	수	수				
빈	빈	빈	빈				

아	아	아	아				
름	름	름	름				

예	예	예	예				
원	원	원	원				

세 글자 쓰기 연습

두 글자 이름 쓰기 연습까지 끝냈습니다.
앞으로는 세 글자, 네 글자, … 점점 글자가 많아지는 시점이네요.
이제 중반 정도 달려왔고 얼마 남지 않았습니다.
정말 얼마 안 남았어요! 파이팅~

지	지	지	지					
우	우	우	우					
개	개	개	개					
컴	컴	컴	컴					
퓨	퓨	퓨	퓨					
터	터	터	터					
교	교	교	교					
과	과	과	과					
서	서	서	서					

청	청	청	청					
바	바	바	바					
지	지	지	지					

카	카	카	카					
메	메	메	메					
라	라	라	라					

부	부	부	부					
모	모	모	모					
님	님	님	님					

냉	냉	냉	냉					
장	장	장	장					
고	고	고	고					

초 초 초 초
콜 콜 콜 콜
릿 릿 릿 릿

가 가 가 가
마 마 마 마
솥 솥 솥 솥

찜 찜 찜 찜
질 질 질 질
방 방 방 방

닭 닭 닭 닭
고 고 고 고
기 기 기 기

깍	깍	깍	깍					
두	두	두	두					
기	기	기	기					

떡	떡	떡	떡					
볶	볶	볶	볶					
이	이	이	이					

말	말	말	말					
미	미	미	미					
잘	잘	잘	잘					

선	선	선	선					
생	생	생	생					
님	님	님	님					

사자성어 쓰기 연습

가렴주구(苛斂誅求) 세금 같은 것을 가혹하게 받고 국민을 못살게 구는 일
각고면려(刻苦勉勵) 심신의 고생을 이겨내면서 오직 한 가지 일에만 노력을 기울임
간담상조(肝膽相照) 서로의 마음을 터놓고 사귐
오사필의(吾事畢矣) 나의 일은 끝났다는 말로 자신의 맡은 바 임무를 다했음을 강조하는 말
감언이설(甘言利說) 남의 비유에 맞도록 꾸민 달콤한 말과 이로운 조건을 붙여 꾀는 말
유지경성(有志竟成) 뜻이 있어 마침내 이룬다는 뜻
갑론을박(甲論乙駁) 자기의 주장을 세우고 남의 주장을 반박함

오	오	오	오								
사	사	사	사								
필	필	필	필								
의	의	의	의								

감	감	감	감								
언	언	언	언								
이	이	이	이								
설	설	설	설								

유	유	유	유								
지	지	지	지								
경	경	경	경								
성	성	성	성								

갑	갑	갑	갑								
론	론	론	론								
을	을	을	을								
박	박	박	박								

순망치한(脣亡齒寒) 입술이 없으면 이가 시리다는 뜻으로 서로 떼려야 뗄 수 없는 긴밀한 관계를 말함
진선진미(盡善盡美) 착함을 다하고 아름다움을 다한다는 뜻으로 더 이상 바랄 것이 없을 만큼 잘 되어 있음
괄목상대(刮目相對) 눈을 비비고 다시 본다는 뜻으로 남의 학식이나 재주가 생각보다 진보한 것을 이르는 말
언청간행(言聽諫行) 남이 말한 것을 듣고 간청하면 행하라는 뜻으로 경청하고 행할 줄 알아야 한다는 말
지족자부(知足者富) 현재에 만족할 줄 아는 사람은 부자라는 뜻
약법삼장(約法三章) 약속한 법이 겨우 세 가지란 뜻으로 법이 복잡하지 않고 간단해야 한다는 말
약롱중물(藥籠中物) 약장 속의 약이란 말로 없어서는 안 될 필요한 인물을 이르는 말

언 언 언 언
청 청 청 청
간 간 간 간
행 행 행 행

지 지 지 지
족 족 족 족
자 자 자 자
부 부 부 부

약 약 약 약
법 법 법 법
삼 삼 삼 삼
장 장 장 장

약 약 약 약
롱 롱 롱 롱
중 중 중 중
물 물 물 물

불여일경(不如一經) 자식에게 황금을 물려주는 것보다 한편의 경서를 가르치는 것이 낫다는 뜻
불념구악(不念舊惡) 지나간 잘못을 염두에 두지 않는다는 말
빈자일등(貧者一燈) 가난한 자가 밝힌 불이라는 뜻으로, 가난하지만 정성껏 불을 밝힌다는 말
권선징악(勸善懲惡) 착한 행실은 잘하도록 권하고 악한 행위를 하는 자를 책망한다는 말
광일미구(曠日彌久) 시간을 질질 끌어 일을 그르치는 것을 일컫는 말
각자무치(角者無齒) 한 사람이 모든 재주나 복을 갖추기는 어렵다는 뜻
일양내복(一陽來復) 양기가 음기 속에서 다시 움트기 시작한다는 뜻으로 궂은일 이후 좋은 일이 있다는 말

권	권	권	권						
선	선	선	선						
징	징	징	징						
악	악	악	악						

광	광	광	광						
일	일	일	일						
미	미	미	미						
구	구	구	구						

각	각	각	각						
자	자	자	자						
무	무	무	무						
치	치	치	치						

일	일	일	일						
양	양	양	양						
내	내	내	내						
복	복	복	복						

교칠지심(膠漆之心) 아주 친밀하여 서로 떨어질 수 없는 그리운 마음
문정경중(問鼎輕重) 솥이 가벼운지 무거운지 묻는다는 뜻으로 상대방의 허점을 파악해서 공격한다는 말
반식재상(伴食宰相) 재능이 없으면서 유능한 재상 옆에 붙어 정사를 처리하는 재상을 뜻하는 말
교칠지심(膠漆之心) 아주 친밀하여 서로 떨어질 수 없는 그리운 마음
구맹주산(拘猛酒酸) 개가 사나우면 술이 시다는 말로 간신이 있어 나라가 쇠퇴해 짐
문과즉희(聞過즉喜) 남이 자기의 결함을 지적해주면 기꺼이 받아들인다는 말
*순실이너 : 사회에 큰 물의를 일으키는 사람을 지칭할 때 사용하는 말

고	고	고	고							
칠	칠	칠	칠							
지	지	지	지							
심	심	심	심							

구	구	구	구							
맹	맹	맹	맹							
주	주	주	주							
산	산	산	산							

문	문	문	문							
과	과	과	과							
죽	죽	죽	죽							
희	희	희	희							

순	순	순	순							
실	실	실	실							
이	이	이	이							
너	너	너	너							

영어 알파벳(필기체) 쓰기 연습

영어 필기체를 연습합니다. 한글만큼 영어 필기체를 잘 써보고 싶네요.
서점에서 **〈나만의 멋진 영어 필기체 완성〉**을 찾아보세요.
옛 추억을 살려 영어 필기체에도 도전 한번 해볼까요?

Aa Aa Aa Aa

Bb Bb Bb Bb

Cc Cc Cc Cc

Dd Dd Dd Dd

Ee Ee Ee Ee

Ff Ff Ff Ff

Gg Gg Gg Gg

Hh Hh Hh Hh

Ii Ii Ii Ii

Jj Jj Jj Jj

Kk Kk Kk Kk

Ll Ll Ll Ll

Mm Mm Mm Mm

Nn Nn Nn Nn

Oo Oo Oo Oo

Pp Pp Pp Pp

Qq Qq Qq Qq

Rr Rr Rr Rr

Ss Ss Ss Ss

Tt Tt Tt Tt

Uu Uu Uu Uu

Vv Vv Vv Vv

Ww Ww Ww Ww

Xx Xx Xx Xx

Yy Yy Yy Yy

Zz Zz Zz Zz

abcdefghijklmnopqrstuvwxyz

abcdefghijklmnopqrstuvwxyz

Part 3
단문 연습

* 홈페이지(www.pub365.co.kr) 도서자료실에서 악필 교정용 워크시트를 다운받을 수 있습니다.

속담 쓰기 연습

옛 조상의 삶의 지혜를 엿볼 수 있는 내용입니다.
하나하나마다 뜻을 생각해 보며 써 내려가 보세요.
바른 글씨기 연습도 할 겸 상식도 늘리는 시간이 될 것입니다.
처음에는 짧은 속담부터 뒤로 가면 갈수록 점점 길어짐을 참고해주세요.

배부른 흥정

배부른 흥정

* 되면 좋고 안돼도 크게 아쉽다거나 안타까울 것이 없는 흥정

칼로 물 베기

칼로 물 베기

* 다투다가도 좀 시간이 흐르면 이내 풀려 두 사람 사이에 아무 틈이 생기지 않는다는 뜻

그물에 든 고기

그물에 든 고기

* 이미 잡혀 옴짝달싹 못 하고 죽을 지경에 빠졌음을 비유적으로 이르는 말

* 홈페이지(www.pub365.co.kr) 도서자료실에서 악필 교정용 워크시트를 다운받을 수 있습니다.

목구멍이 포도청

목구멍이 포도청

* 먹고살기 위하여 해서는 안 될 짓까지 하지 않을 수 없음을 이르는 말

가는 말에 채찍질

가는 말에 채찍질

* 부지런하고 성실한 사람에게 더 잘하라는 뜻

강물도 쓰면 준다

강물도 쓰면 준다

* 아무리 많아도 쓰면 곧 줄어드니까 아껴 사용하라는 뜻

모기 보고 칼 뺀다

모기 보고 칼 뺀다

* 사소한 일에 화를 내는 소견이 좁은 사람에 빗대어 하는 말

숯이 검정 나무란다

숯이 검정 나무란다

*자기 흠이 더 큰 사람이 도리어 흠이 적은 사람을 흉본다는 뜻

도둑에게 열쇠 주는 격

도둑에게 열쇠 주는 격

*믿을 수 없는 사람에게 일을 맡기는 어리석음을 이르는 말

한 술 밥에 배부르랴

한 술 밥에 배부르랴

*무슨 일이고 처음에는 큰 성과를 기대할 수 없다는 말

갓 쓰고 자전거 타는 격

갓 쓰고 자전거 타는 격

*상황에 전혀 어울리지 않거나 차림새가 다른 경우의 뜻

* 홈페이지(www.pub365.co.kr) 도서자료실에서 악필 교정용 워크시트를 다운받을 수 있습니다.

걷기도 전에 뛰려고 한다

걷기도 전에 뛰려고 한다

* 쉽고 작은 일도 못 하면서 더 어렵고 큰일을 하려 한다는 뜻

개도 닷새가 되면 주인을 안다

개도 닷새가 되면 주인을 안다

* 남의 은덕은 모르는 배은망덕한 사람을 꾸짖는 말

나무에 오르라 하고 흔드는 격

나무에 오르라 하고 흔드는 격

* 남을 위험하게 하고 궁지에 몰아 놓는다는 말

누울 자리 봐 가며 발 뻗어라

누울 자리 봐 가며 발 뻗어라

* 다가올 결과를 생각해 가면서 모든 것을 미리 살피고 일을 처리하라는 뜻

거미도 줄을 쳐야 벌레를 잡는다

거미도 줄을 쳐야 벌레를 잡는다

*모든 일은 준비가 있어야 결실을 얻을 수 있다는 뜻

닭에게는 보석이 보리알만 못하다

닭에게는 보석이 보리알만 못하다

*잘해줘도 욕 얻어먹으니 수준에 맞게 해주는 게 좋다는 뜻

사공이 많으면 배가 산으로 간다

사공이 많으면 배가 산으로 간다

*주관하는 사람 없이 여러 사람이 자기주장만 내세우면 일이 제대로 되기 어려움을 비유적으로 이르는 말

새벽달 보자고 초저녁부터 기다린다

새벽달 보자고 초저녁부터 기다린다

*일을 너무 일찍 서두른다는 뜻

저 먹자니 싫고 남 주자니 아깝다

저 먹자니 싫고 남 주자니 아깝다

* 몹시 인색하고 욕심이 많음을 이르는 말

남의 잔치에 감 놔라 배 놔라 한다

남의 잔치에 감 놔라 배 놔라 한다

* 쓸데없이 남의 일에 간섭한다는 뜻

양지가 음지 되고 음지가 양지 된다

양지가 음지 되고 음지가 양지 된다

* 운이 나쁜 사람도 좋은 수를 만날 수 있고 운이 좋은 사람도 늘 좋기만 하는 것이 아니라는 뜻

내 배가 부르니 종의 배고픔을 모른다

내 배가 부르니 종의 배고픔을 모른다

* 좋은 처지에 있는 사람은 남의 딱한 사정을 모른다. 자기 사정만 알고 남의 사정은 알지 못한다는 뜻

신선놀음에 도끼 자루 썩는 줄 모른다

신선놀음에 도끼 자루 썩는 줄 모른다

* 어떤 부질없는 일에 탐닉해서 해야 할 일을 하지 않는다는 뜻

바다는 메워도 사람의 욕심은 못 채운다

바다는 메워도 사람의 욕심은 못 채운다

* 사람의 욕심의 그지없음을 이르는 말

얌전한 고양이가 부뚜막에 먼저 올라간다

얌전한 고양이가 부뚜막에 먼저 올라간다

* 겉보기에는 얌전해 보여도 그 속은 오히려 엉큼한 경우를 일컫는 말

죽어 석 잔 술이 살아 한 잔 술만 못하다

죽어 석 잔 술이 살아 한 잔 술만 못하다

* 죽은 뒤에 아무리 정성을 들여도 살아 있을 때 조금 생각한 것만 못한다

떡 줄 사람은 생각도 않는데 김칫국부터 마신다

떡 줄 사람은 생각도 않는데 김칫국부터 마신다

* 해줄 사람은 생각지도 않는데 일이 다 된 것처럼 여기고 미리부터 기대한다는 뜻

물에 빠진 놈 건져 놓으니 보따리 내놓으라 한다

물에 빠진 놈 건져 놓으니 보따리 내놓으라 한다

* 남에게 은혜를 입고서도 그 고마움을 모르고 생트집을 잡음을 이르는 말

손톱 밑에 가시 드는 줄은 알아도 염통 안이 곪는 것은 모른다

손톱 밑에 가시 드는 줄은 알아도 염통 안이 곪는 것은 모른다

* 눈앞에 보이는 작은 일에는 영리한 듯하나 당장 나타나지 않는 큰 손해는 깨닫지 못함을 이르는 말

아흔아홉 가진 사람이 하나 가진 사람보고 백 개 채워 달라 한다

아흔아홉 가진 사람이 하나 가진 사람보고 백 개 채워 달라 한다

* 재산을 많이 가지면 가질수록 재산에 대한 욕심이 더욱더 크게 생김을 비유적으로 이르는 말

명언 쓰기 연습

바른 글쓰기 연습, 지금 시점은 힘들어질 수 있겠네요.
일반적인 명언이 아닌 연예인들의 해학이 넘치는 어록입니다.
나름 가슴에 새겨두어야 할 좋은 내용이 많이 있으니
재미있는 글 하나하나 써 내려가면서 그 속뜻도 곰곰이 생각해 보세요.

고생 끝에 골병 든다

고생 끝에 골병 든다

남자는 애 아니면 개

남자는 애 아니면 개

아프면 환자지 뭐가 청춘이냐

아프면 환자지 뭐가 청춘이냐

예술은 비싸고 인생은 더럽다

예술은 비싸고 인생은 더럽다

일찍 일어나는 새가 피곤하다

일찍 일어나는 새가 피곤하다

교복을 줄일수록 성적도 내려간다

교복을 줄일수록 성적도 내려간다

늦었다고 생각할 때가 늦은 거다

늦었다고 생각할 때가 늦은 거다

일찍 일어나는 벌레가 잡아먹힌다

일찍 일어나는 벌레가 잡아먹힌다

시작은 반이 아니라 시작일 뿐이다

시작은 반이 아니라 시작일 뿐이다

세상은 넓고 내가 할 일은 많지 않다

세상은 넓고 내가 할 일은 많지 않다

목소리의 톤이 높아질수록 뜻은 왜곡된다

목소리의 톤이 높아질수록 뜻은 왜곡된다

귀를 훔치지 말고 가슴을 흔드는 말을 해라

귀를 훔치지 말고 가슴을 흔드는 말을 해라

앞에서 할 수 없는 말은 뒤에서도 하지 마라

앞에서 할 수 없는 말은 뒤에서도 하지 마라

잘생긴 놈은 얼굴값하고 못생긴 놈은 꼴값한다

잘생긴 놈은 얼굴값하고 못생긴 놈은 꼴값한다

누구보고 생각이 많데 지가 생각이 없는 거면서

누구보고 생각이 많데 지가 생각이 없는 거면서

백조라는 것은 언젠간 호수를 박차고 날아오를 새

백조라는 것은 언젠간 호수를 박차고 날아오를 새

개천에서 용 난 놈 만나면 개천으로 빨려 들어간다

개천에서 용 난 놈 만나면 개천으로 빨려 들어간다

대문으로 가난이 들어오면 사랑은 창문으로 도망간다

대문으로 가난이 들어오면 사랑은 창문으로 도망간다

듣는 순간 기분 나쁜 말 기분 나빠하지 말고 들어

듣는 순간 기분 나쁜 말 기분 나빠하지 말고 들어

적게 말하고 많이 들어라 들을수록 내 편이 많아진다

혀와 입으로만 말하지 말고 눈과 표정으로 이야기해라

내가 숲속에 있는데 어떻게 나무를 안 보고 숲을 보니

내가 하고 싶은 말보다 상대방이 듣고 싶은 말을 해라

무엇을 선택했느냐보다 선택 이후의 행동이 더 중요하다

무엇을 선택했느냐보다 선택 이후의 행동이 더 중요하다

흐르는 강물을 잡을 수 없다면 바다가 되어서 기다려라

흐르는 강물을 잡을 수 없다면 바다가 되어서 기다려라

스토킹은 날 위해 그 사람의 앞모습을 잡아두는 것이고

스토킹은 날 위해 그 사람의 앞모습을 잡아두는 것이고

사랑은 그 사람을 위해 그 사람의 뒷모습을 바라봐 주는 것이다

사랑은 그 사람을 위해 그 사람의 뒷모습을 바라봐 주는 것이다

내 너 그럴 줄 알았다 알았으면 제발 미리 말을 해줘라

내 너 그럴 줄 알았다 알았으면 제발 미리 말을 해줘라

매일 맑은 날만 계속된다면 이 세상은 사막이 되었을 것이다

매일 맑은 날만 계속된다면 이 세상은 사막이 되었을 것이다

여자는 첫사랑을 기억에 남기고 남자는 첫사랑을 가슴에 남긴다

여자는 첫사랑을 기억에 남기고 남자는 첫사랑을 가슴에 남긴다

혀를 다스리는 것은 나지만 내뱉어진 말이 거꾸로 나를 다스린다

혀를 다스리는 것은 나지만 내뱉어진 말이 거꾸로 나를 다스린다

각종 경조사(이벤트) 문구 쓰기 연습

매월 다양한 이벤트가 참으로 많네요.
어떤 문구로 마음을 전할까 생각해 봅니다만 딱히 떠오르는 말도 없고요.
나만의 멋진 한글 손글씨로 마음을 전해 보세요.
그 기쁨은 두배입니다.

생일 축하해 언제나 밝은 웃음 간직하길 바란다

생일 축하해 언제나 밝은 웃음 간직하길 바란다

* 생일

변함없이 사랑하는 당신의 생일을 함께 기뻐합니다 사랑해요

변함없이 사랑하는 당신의 생일을 함께 기뻐합니다 사랑해요

* 생일

너의 생일을 함께 하지 못해 아쉽지만 마음은 항상 곁에 있어

너의 생일을 함께 하지 못해 아쉽지만 마음은 항상 곁에 있어

* 생일

뜻깊은 결혼을 진심으로 축하드리며 두 분께 축배를 올립니다

뜻깊은 결혼을 진심으로 축하드리며 두 분께 축배를 올립니다

* 약혼/ 결혼

약혼을 축하하며 더 많은 사랑 나누는 부부 되시기를 바랍니다

약혼을 축하하며 더 많은 사랑 나누는 부부 되시기를 바랍니다

* 약혼/ 결혼

결혼기념일을 진심으로 축하하며 행복한 가정 이루세요

결혼기념일을 진심으로 축하하며 행복한 가정 이루세요

* 결혼기념일

두 분의 앞날에 사랑과 행복이 가득하시기를 기원합니다

두 분의 앞날에 사랑과 행복이 가득하시기를 기원합니다

* 결혼기념일

언니 축하해요 몸조리 잘하시고 예쁜 아기 잘 키우세요

언니 축하해요 몸조리 잘하시고 예쁜 아기 잘 키우세요

출산

사랑스러운 아기의 탄생을 축하하며 산모의 건강을 기원합니다

사랑스러운 아기의 탄생을 축하하며 산모의 건강을 기원합니다

출산

아기의 백일을 축하하며 더욱 건강하게 자라길 기원합니다

아기의 백일을 축하하며 더욱 건강하게 자라길 기원합니다

돌/ 백일

첫돌을 맞이한 아기에게 큰 사랑과 축복이 깃들기를 바랍니다

첫돌을 맞이한 아기에게 큰 사랑과 축복이 깃들기를 바랍니다

돌/ 백일

고희를 축하하오며 만수무강하시기를 기원합니다

고희를 축하하오며 만수무강하시기를 기원합니다

*칠순/ 고희

뜻깊은 잔치에 함께하지 못하여 아쉽습니다 건강하세요

뜻깊은 잔치에 함께하지 못하여 아쉽습니다 건강하세요

*칠순/ 고희

희망찬 오월 푸른 꿈을 간직한 슬기로운 어린이가 되어라

희망찬 오월 푸른 꿈을 간직한 슬기로운 어린이가 되어라

*어린이 날

푸른 나무처럼 무럭무럭 자라서 더욱 아름다운 세상 만들어라

푸른 나무처럼 무럭무럭 자라서 더욱 아름다운 세상 만들어라

*어린이 날

높고 깊으신 부모님의 은혜에 머리 숙여 감사드립니다

높고 깊으신 부모님의 은혜에 머리 숙여 감사드립니다

* 어버이날/ 스승의 날

사랑으로 이끌어 주신 선생님의 가르침에 깊이 감사드립니다

사랑으로 이끌어 주신 선생님의 가르침에 깊이 감사드립니다

* 어버이날/ 스승의 날

즐거운 한가위가 되길 바라며 풍성한 수확을 기원합니다

즐거운 한가위가 되길 바라며 풍성한 수확을 기원합니다

* 연하/ 명절

희망찬 새해를 맞아 가정 화목하고 건강하기를 기원합니다

희망찬 새해를 맞아 가정 화목하고 건강하기를 기원합니다

* 연하/ 명절

* 홈페이지(www.pub365.co.kr) 도서자료실에서 악필 교정용 워크시트를 다운받을 수 있습니다.

입학을 축하하며 뜻깊은 학창 생활이 되기를 바란다

입학을 축하하며 뜻깊은 학창 생활이 되기를 바란다

* 합격/ 입학/ 졸업

사회로 첫발 내딛는 오늘을 축하하며 힘찬 전진을 기원합니다

사회로 첫발 내딛는 오늘을 축하하며 힘찬 전진을 기원합니다

* 합격/ 입학/ 졸업

새집 마련한 오늘의 기쁨이 더 큰 행복으로 이어지기 바랍니다

새집 마련한 오늘의 기쁨이 더 큰 행복으로 이어지기 바랍니다

* 이사/ 입주/ 이전

새 사옥으로의 이전을 축하하며 더 큰 발전 있기를 기원합니다

새 사옥으로의 이전을 축하하며 더 큰 발전 있기를 기원합니다

* 이사/ 입주/ 이전

병환 속히 나으시어 건강한 모습으로 우리에게 돌아오세요

병환 속히 나으시어 건강한 모습으로 우리에게 돌아오세요

*병문안

하루빨리 일어나시어 이전보다 더욱 건강해지시기를 기원합니다

하루빨리 일어나시어 이전보다 더욱 건강해지시기를 기원합니다

*병문안

평소 고인의 은덕을 되새기며 삼가 고인의 명복을 빕니다

평소 고인의 은덕을 되새기며 삼가 고인의 명복을 빕니다

*조문

삼가 조의를 표하오며 고인의 유덕이 후세에 이어지기를 빕니다

삼가 조의를 표하오며 고인의 유덕이 후세에 이어지기를 빕니다

*조문

창의와 노력으로 이루신 영전의 기쁨을 충심으로 축하드립니다

창의와 노력으로 이루신 영전의 기쁨을 충심으로 축하드립니다

* 승진/ 영전

승진을 축하드리며 앞으로도 모든 일 뜻대로 되기를 기원합니다

승진을 축하드리며 앞으로도 모든 일 뜻대로 되기를 기원합니다

* 승진/ 영전

개원을 축하하며 앞날의 번영을 기원합니다

개원을 축하하며 앞날의 번영을 기원합니다

* 개업/ 창업

뜻깊은 개업이 무궁한 발전과 번영의 초석이 되기를 기원합니다

뜻깊은 개업이 무궁한 발전과 번영의 초석이 되기를 기원합니다

* 개업/ 창업

Part 4
장문 연습

* 홈페이지(www.pub365.co.kr) 도서자료실에서 악필 교정용 워크시트를 다운받을 수 있습니다.

손 편지 쓰기 연습

이제부터는 마지막 악필 교정을 위해 장문의 글을 연습합니다.
처음엔 따라 쓰다가 마지막에는 혼자 써보는 연습을 해보세요.
왼쪽 페이지의 글을 보고 오른쪽에 나만의 멋진 한글 손글씨를 완성해보세요.

헤리씨께!

헤리씨께서 이번 달 회의의 주 발표자가 되어주셨으면 좋겠습니다. 발표의 주제는 어떻게 하면 가게를 더 좋게 만들지에 대한 것입니다.

헤리씨께서 가게 개선을 위해 5가지 것들 (외관, 고객 서비스, 판촉 상품 등)을 생각해 오시기 바랍니다. 이것들이 다른 매니저들과의 토론으로 이어질 수 있으면 좋겠습니다.

헤리씨의 발표를 기대하고 있고 발표가 가게의 발전으로 이어질 수 있도록 매니저들의 사기를 돋을 수 있는 계기가 되기를 바랍니다.

질문이 있으시거나 다가오는 회의에 대한 안건이 있으시면 전화 주시기 바랍니다.

또한 발표에 앞서 제가 검토할 수 있도록 발표 복사본을 보내주셨으면 좋겠습니다. 괜찮으시다면 다음 주 금요일까지 보내주십시오.

헤리씨께!

헤리씨께서 이번 달 회의의 주 발표자가 되어주셨으면 좋겠습니다. 발표의 주제는 어떻게 하면 가게를 더 좋게 만들지에 대한 것입니다.

헤리씨께서 가게 개선을 위해 5가지 것들 (외관, 고객 서비스, 판촉 상품 등)을 생각해 오시기 바랍니다. 이것들이 다른 매니저들과의 토론으로 이어질 수 있으면 좋겠습니다.

헤리씨의 발표를 기대하고 있고 발표가 가게의 발전으로 이어질 수 있도록 매니저들의 사기를 돋을 수 있는 계기가 되기를 바랍니다.

질문이 있으시거나 다가오는 회의에 대한 안건이 있으시면 전화 주시기 바랍니다.

친애하는 베아트리체 이모님께

지난여름 저희에게 농장에서 좋은 시간을 보내게 해주셔서 정말 감사드립니다. 이모님과 빌 삼촌께서 만들어 놓으신 농장에 깊은 감명을 받았습니다. 소와 돼지들과 함께 보낸 시간은 즐거웠을 뿐만 아니라 이러한 동물들을 어떻게 돌보는지에 대해서도 많이 배울 수 있었던 시간이었습니다. 또한 농장의 말과도 좋은 시간을 보냈습니다. 제가 가장 좋아했던 코멧은 아주 유순했고 우리 근처에서 탈 수도 있게 해 주었습니다. 렉스와 리자이나랑도 매우 재미있는 시간을 보냈는데 그들은 정말 멋지고 어느 날은 저와 하루 종일 놀기도 하였습니다. 이모님과 삼촌께서 만들어 주신 맛있는 음식도 얘기하지 않을 수가 없습니다. 저희는 항상 정원에 있는 신선한 야채를 먹었고 이모님의 젖소인 데이지와 마가렛으로부터 신선한 우유를 마셨습니다. 새로운 친구들과 나눌 수 있도록 많은 것을 배울 수 있었던 잊을 수 없는 여름을 보내게 해주셔서 감사드립니다.

친애하는 베아트리체 이모님께

지난여름 저희에게 농장에서 좋은 시간을 보내게 해주셔서 정말 감사드립니다. 이모님과 빌 삼촌께서 만들어 놓으신 농장에 깊은 감명을 받았습니다. 소와 돼지들과 함께 보낸 시간은 즐거웠을 뿐만 아니라 이러한 동물들을 어떻게 돌보는지에 대해서도 많이 배울 수 있었던 시간이었습니다. 또한 농장의 말과도 좋은 시간을 보냈습니다. 제가 가장 좋아했던 코멧은 아주 유순했고 우리 근처에서 탈 수도 있게 해 주었습니다. 렉스와 리자이나랑도 매우 재미있는 시간을 보냈는데 그들은 정말 멋지고 어느 날은 저와 하루 종일 놀기도 하였습니다. 이모님과 삼촌께서 만들어 주신 맛있는 음식도 얘기하지 않을 수가 없습니다. 저희는 항상 정원에 있는 신선한 야채를 먹었고 이모님의 젖소인 데이지와 마가렛으로부터 신선한 우유를 마셨습니다.

연설문 쓰기 연습

2017년 1월 10일 시카고 일리노이에서 버락 오바마가 대통령직 고별 연설을 했습니다.
그 내용이 참으로 마음에 와 닿네요. 우리도 이런 대통령이 그립습니다.
전문을 간추린 내용이니 끝까지 따라써보세요.

버락 오바마 고별 연설문

고향에 오니 좋네요 친구 여러분.

미셸과 저는 지난 몇 주간 보여준 인사와 기원에 감동을 받았습니다.

하지만 오늘 밤은 제가 여러분에게 감사의 인사를 전하는 날이네요.

우리가 실제로 얼굴을 본 적이 있든 없든 여러분이 저에게 한 표를 던졌든 안 던졌든 위대한 미합중국 국민인 여러분과 나누었던 대화는 저를 진실한 사람으로 만들었고 늘 제게 큰 자극이 되었고, 저를 살아 숨 쉬게 했습니다. 거실에서, 학교에서, 농장에서, 공장 바닥에서, 식당에서, 먼 곳에서 저를 보고 있는 여러분 말입니다.

매일매일 전 여러분에게서 배웠습니다.

여러분은 저를 더 나은 대통령으로, 더 멋진 남자로 만들어주었습니다.

만약 제가 8년 전에 여러분에게 미국은 이 불황기를 뒤집을 거라고, 우리의 기울어가는 자동차 산업을 되살릴 수 있다고, 많은 일자리를 만들어 낼 수 있다고 말했다면 어땠을까요?

만약 제가 8년 전에 여러분에게 쿠바와의 관계를 다시 쓸 수 있다고, 총 한 방 안 쏘고 9.11 테러를 일으킨 이란이 핵무기를 포기하도록 만들 수 있다고 말했다면

버락 오바마 고별 연설문

고향에 오니 좋네요 친구 여러분.

미셸과 저는 지난 몇 주간 보여준 인사와 기원에 감동을 받았습니다.

하지만 오늘 밤은 제가 여러분에게 감사의 인사를 전하는 날이네요.

우리가 실제로 얼굴을 본 적이 있든 없든 여러분이 저에게 한 표를 던졌든 안 던졌든 위대한 미합중국 국민인 여러분과 나누었던 대화는 저를 진실한 사람으로 만들었고 늘 제게 큰 자극이 되었고, 저를 살아 숨 쉬게 했습니다. 거실에서, 학교에서, 농장에서, 공장 바닥에서, 식당에서, 먼 곳에서 저를 보고 있는 여러분 말입니다.

매일매일 전 여러분에게서 배웠습니다.

여러분은 저를 더 나은 대통령으로, 더 멋진 남자로 만들어주었습니다.

만약 제가 8년 전에 여러분에게 미국은 이 불황기를 뒤집을 거라고, 우리의 기울어가는 자동차 산업을 되살릴 수 있다고, 많은 일자리를 만들어 낼 수 있다고 말했다면 어땠을까요?

만약 제가 8년 전에 여러분에게 쿠바와의 관계를 다시 쓸 수 있다고, 총 한 방 안 쏘고 9.11 테러를 일으킨 이란이 핵무기를 포기하도록 만들 수 있다고 말했다면 어땠을까요?

만약 제가 8년 전에, 여러분에게, 진정한 양성평등과 국가가 보장하는 건강보험을 일구어낼 수 있다고 말했다면, 여러분은 제게 "기대치가 너무 높은 거 아니에요?"라고 되물었을지 모릅니다.

하지만 우린 그걸 해냈습니다. 당신이 그걸 해냈어요.

당신이 바로 변화였습니다.

당신은 사람들의 희망에 응답했고, 당신 덕분에 미국은 처음보다 더 강하고 좋은 나라가 되었습니다.

10일 안에 세계는 우리 민주주의의 상징을 목격하게 될 것입니다. 다음 대통령이 평화롭게 기존의 행정권력을 양도받는 일 말입니다.

저는 트럼프 당선자에게 제 행정권력을 매끄럽게 이양해 줄 것을 약속했습니다.

전 대통령이었던 부시가 제게 해 준 것처럼 말입니다.

왜냐하면 여러분, 정부가 우리가 아직도 직면하고 있는 많은 문제를 해결하기 위해서는 우리 모두의 힘이 필요하기 때문입니다.

민주주의를 지켜 내기 위해서는 군 권력만으로 되지는 않습니다.

우리가 두려움에 진다면 민주주의는 후퇴하고 맙니다.

우리, 시민으로 국민으로서 외부의 강압에 대해 방심하지 맙시다. 우리가 소중하게 생각하는 가치가 약해지지 않도록 자신을 보호해야 합니다.

어땠을까요?

만약 제가 8년 전에, 여러분에게, 진정한 양성평등과 국가가 보장하는 건강보험을 일구어낼 수 있다고 말했다면, 여러분은 제게 "기대치가 너무 높은 거 아니에요?"라고 되물었을지 모릅니다.

하지만 우린 그걸 해냈습니다. 당신이 그걸 해냈어요.

당신이 바로 변화였습니다.

당신은 사람들의 희망에 응답했고, 당신 덕분에 미국은 처음보다 더 강하고 좋은 나라가 되었습니다.

10일 안에 세계는 우리 민주주의의 상징을 목격하게 될 것입니다. 다음 대통령이 평화롭게 기존의 행정권력을 양도받는 일 말입니다.

저는 트럼프 당선자에게 제 행정권력을 매끄럽게 이양해 줄 것을 약속했습니다.

전 대통령이었던 부시가 제게 해 준 것처럼 말입니다.

왜냐하면 여러분, 정부가 우리가 아직도 직면하고 있는 많은 문제를 해결하기 위해서는 우리 모두의 힘이 필요하기 때문입니다.

민주주의를 지켜내기 위해서는 군 권력만으로 되지는 않습니다.

우리가 두려움에 진다면 민주주의는 후퇴하고 맙니다.

우리, 시민으로 국민으로서 외부의 강압에 대해 방심하지 맙시다. 우리가 소중하게 생각하는 가치가 약해지지 않도록 자신을 보호해야 합니다.

그것은 지난 8년 동안 제가 법에 기반을 두고 테러리즘과 맞서 싸워왔던 이유입니다.

그것은 우리가 관타나모 수용소를 없애고, 시민들의 자유와 생활을 보호하기 위해 법률을 개편한 이유입니다.

그것은 제가 이슬람을 믿는 미국인들을 차별하는 법에 반대했던 이유입니다.

세계 여러 나라에서 자유의 기회나 준법정신이 줄어든다면 나라 간의 전쟁이 증가할 것이며, 우리, 미합중국의 자유도 위협을 받게 될 것입니다.

그러므로 우리 절대 방심하지 맙시다. 두려워하지 맙시다.

아이에스는 계속 무고한 사람들을 죽이려 할 것입니다.

하지만 그들은 결코 미국을 이길 수 없습니다. 우리가 우리의 헌법과 전쟁의 규율을 어기지 않는다면 말입니다.

러시아나 중국 같은 라이벌들조차도 미국이 세상에 끼치는 영향력을 따라올 수 없습니다. 우리가 지향하는 가치를 저버리고 작은 이웃들을 괴롭히지 않는다면 말입니다.

우리가 민주주의를 당연하게 받아들이는 순간 우리의 민주주의 가치는 위협을 받게 될 것입니다.

우리는 모두 정당과 관계없이 민주주의를 수호하기 위해 앞장서야 할 것입니다.

미셸! 지난 25년간 당신은 나의 아내이자 아이들의 엄마일 뿐 아니라, 나의 가장

그것은 지난 8년 동안 제가 법에 기반을 두고 테러리즘과 맞서 싸워왔던 이유입니다.

그것은 우리가 관타나모 수용소를 없애고, 시민들의 자유와 생활을 보호하기 위해 법률을 개편한 이유입니다.

그것은 제가 이슬람을 믿는 미국인들을 차별하는 법에 반대했던 이유입니다.

세계 여러 나라에서 자유의 기회나 준법정신이 줄어든다면 나라 간의 전쟁이 증가할 것이며, 우리, 미합중국의 자유도 위협을 받게 될 것입니다.

그러므로 우리 절대 방심하지 맙시다. 두려워하지 맙시다.

아이에스는 계속 무고한 사람들을 죽이려 할 것입니다.

하지만 그들은 결코 미국을 이길 수 없습니다. 우리가 우리의 헌법과 전쟁의 규율을 어기지 않는다면 말입니다.

러시아나 중국 같은 라이벌들조차도 미국이 세상에 끼치는 영향력을 따라올 수 없습니다. 우리가 지향하는 가치를 저버리고 작은 이웃들을 괴롭히지 않는다면 말입니다.

우리가 민주주의를 당연하게 받아들이는 순간 우리의 민주주의 가치는 위협을 받게 될 것입니다.

우리는 모두 정당과 관계없이 민주주의를 수호하기 위해 앞장서야 할 것입니다.

미셸! 지난 25년간 당신은 나의 아내이자 아이들의 엄마일 뿐 아니라, 나의 가장 좋은 친구였습니다.

이 일을 스스로 자칭하지 않았던 역할이었음에도 기품있고 기개 있게 해내었고,

당신은 당신만의 스타일과 웃음으로 빛났어요.

당신은 백악관을 모두의 집으로 만들어냈습니다.

새로운 세대의 시선이 더 높은 곳으로 향할 수 있는 이유는 그들이 당신을 롤 모델로 삼기 때문이에요.

나는 당신이 참 자랑스럽습니다.

미합중국이 당신을 자랑스러워할 겁니다.

조 바이든, 스크랜튼에서 자란 다혈질 소년인 당신이 델라웨어의 자랑스러운 아들이 되었네요. 당신은 내가 당선되고 나서 처음 선택한 사람이었고, 최고의 사람이었습니다.

위대한 부통령 조 바이든. 당신은 내 형제나 다름없어요.

우리는 당신과 질을 가족처럼 사랑했고, 우리의 우정은 인생에서의 큰 기쁨이 됩니다.

친구 여러분. 여러분을 위해 봉사할 수 있어서 너무나 영광스러웠습니다. 전 멈추지 않을 것입니다. 여러분의 곁에 있을 것입니다. 한 시민으로, 남은 날을 보낼 것입니다.

마지막으로 대통령으로서 부탁하고 싶은 것이 있네요. 8년 전, 여러분이 저를

좋은 친구였습니다.

이 일을 스스로 자청하지 않았던 역할이었음에도 기품 있고 기개 있게 해내었고,

당신은 당신만의 스타일과 웃음으로 빛났어요.

당신은 백악관을 모두의 집으로 만들어냈습니다.

새로운 세대의 시선이 더 높은 곳으로 향할 수 있는 이유는 그들이 당신을 롤모델로 삼기 때문이에요.

나는 당신이 참 자랑스럽습니다.

미합중국이 당신을 자랑스러워할 겁니다.

조 바이든, 스크랜튼에서 자란 다혈질 소년인 당신이 델라웨어의 자랑스러운 아들이 되었네요. 당신은 내가 당선되고 나서 처음 선택한 사람이었고, 최고의 사람이었습니다.

위대한 부통령 조 바이든. 당신은 내 형제나 다름없어요.

우리는 당신과 질을 가족처럼 사랑했고, 우리의 우정은 인생에서의 큰 기쁨이 됩니다.

친구 여러분. 여러분을 위해 봉사할 수 있어서 너무나 영광스러웠습니다. 전 멈추지 않을 것입니다. 여러분의 곁에 있을 것입니다. 한 시민으로, 남

뽑았을 때와 같은 것입니다.

여러분, 믿어주십시오.

변화를 위해서, 여러분 자신을 믿어주십시오.

우리의 건국헌법에 기초한 그 믿음을 놓치지 마십시오.

옛날 노예들이 속삭였던, 이민자들이 정의를 위해 행군할 때 불렀던, 각종 전투지와 달의 표면에 꽂았던 성조기에 서 있는, 미래의 미국민의 심장에 새겨질 그 신념을 말입니다.

우리는 할 수 있습니다.

우리는 해냈습니다.

우리는 할 수 있습니다.

감사합니다.

신이 여러분과 함께하길.

신이 우리 미합중국과 함께하길.

* 홈페이지(www.pub365.co.kr) 도서자료실에서 악필 교정용 워크시트를 다운받을 수 있습니다.

수고하셨습니다. 나만의 멋진 한글 손글씨 한번 볼까요?
아래 문장을 써보세요.

진정한 노력은 결코 나를 배신하지 않는다

❶

❷

❸